오려서 **펼치면** **깜짝!**

신기한 종이 오리기

이시카와 마리코 지음
전지현 옮김

길벗스쿨

약속 기호를 알아봐요

----------------- 계곡 접기선

—·—·—·—·—·— 산 접기선

——————— 표시선

━━━━━━━ 오리기선

 뒤집기

 접었다 펼치기

2면 접기

삼각 접기

4면 접기

8면 접기

16면 접기

10면 접기

병풍 접기

★ 접는 방법은 6~7쪽에 있습니다.

¼ 색종이를 4등분하여 쓰라는 표시입니다. 보통의 색종이는 가로세로 15cm인데, 4등분하면 가로세로 7.5cm가 됩니다.

★ 이 책에서는 별도 표시가 없으면 가로세로 15cm의 색종이를 사용합니다.

부모님에게

★ 종이 오리기는 가위질을 연습하며, 도형을 익히고 색채 감각을 기르는 데에도 도움이 됩니다. 자유롭게 오린 모양이 어떤 형태로 되는지, 아이와 함께 즐겨 보세요. 완성한 종이 오리기는 집 안 장식을 하는 데에도 좋습니다.

★ 가위를 쓸 때는 아이가 손을 다치지 않도록 반드시 부모님이 도와주세요. 특히 8면 접기 이상은 종이가 두꺼워지기 때문에 천천히 따라 오려요.

★ 종이 끝에 손이 베이지 않도록 조심하세요.

★ 이 책에서는 색종이를 주로 오리지만, 포장지나 도화지로도 근사하게 종이 오리기를 할 수 있어요.

★ 도안 크기를 바꿀 때에는 오리기 본을 확대 또는 축소하여 복사해 쓰세요. 예를 들어 가로세로 15cm짜리 오리기 본을 4분의 1 크기(가로세로 7.5cm)로 바꾸어 쓰려면 50% 축소하면 됩니다.

오리기 본은 이렇게 사용해요

이 책에는 여러 가지 모양을 만들기 위한 오리기 본이 들어 있습니다.
색종이를 접은 다음 오리기 본의 그림을 옮겨 그리거나, 복사한 종이에 맞추어 자르세요.

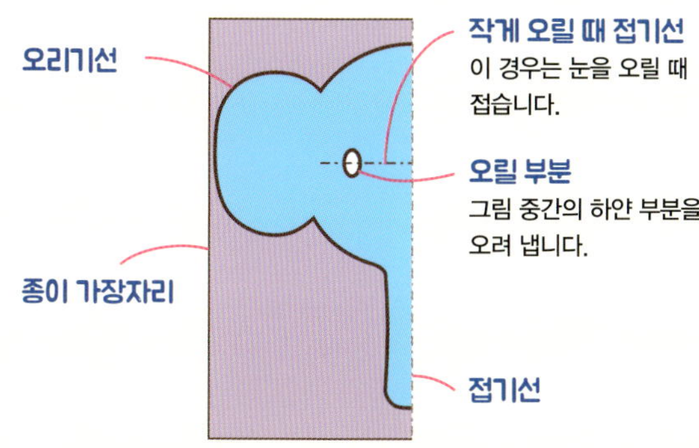

작게 오릴 때 접기선
이 경우는 눈을 오릴 때
접습니다.

오릴 부분
그림 중간의 하얀 부분을
오려 냅니다.

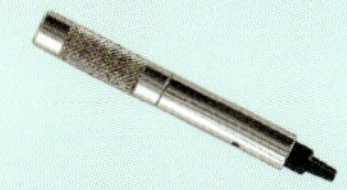

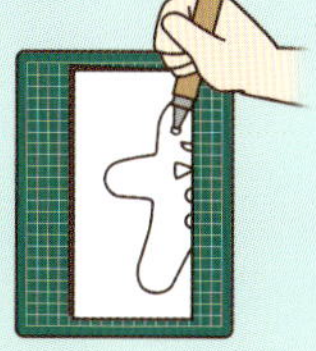

작은 구멍을 낼 때는 원형 펀치를 이용해요
커팅매트를 깔고 구멍을 뚫고 싶은 부분에 맞추어 원형 펀치를
꾹 누르면 구멍이 생겨요. 동물의 눈이나 장식처럼 작은 구멍은
가위질하기가 어려운데, 이럴 때 쓰면 편리해요.

★ **원형 펀치** 공구점이나 마트 등에서
구입할 수 있어요.

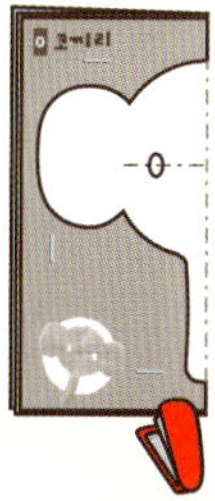

방법1 오리기 본을 보면서 직접 그림을 그려요

오리기 본을 보면서 접은 색종이에 직접 그림을 그려 오립니다. 간단한 것부터 도전해 보세요! 그리고 싶은 대로 그려도 좋아요.

방법2 오리기 본에 색종이를 대고 따라 그려요

색종이를 일단 접은 뒤 다시 펼쳐요. 그리고 접었을 때 겉면이 되는 면을 오리기 본 위에 맞대고 따라 그려요. 그런 다음 다시 접어서 오려요. 연한 색깔의 종이를 써야 따라 그리기 쉬워요.

방법3 복사한 오리기 본을 색종이에 겹쳐 놓고 그대로 오려요

오리기 본을 복사해서 색종이에 대고 같이 오립니다. 스테이플러나 클립 등으로 단단히 집어 두고 오리세요. 접기선에서 가까운 선부터 오리면 어긋나지 않게 오릴 수 있어요.

⚠ 종이를 움직이면서 오리면 더 손쉽게 오릴 수 있어요. 손이 베이지 않도록 조심하세요.

기본 접기를 배워요

2면 접기 반으로 접어요.

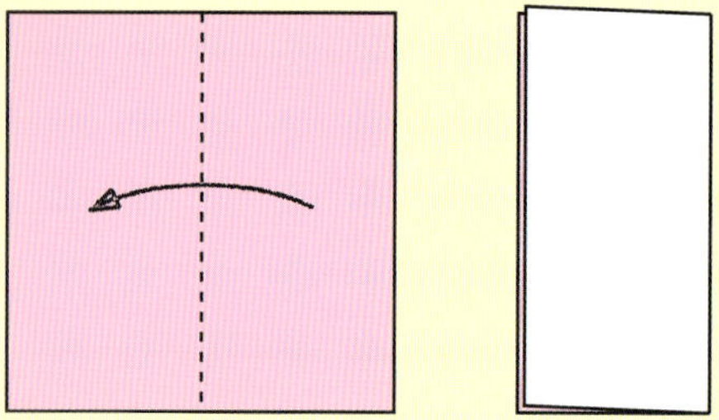

삼각 접기 삼각형으로 접어요.

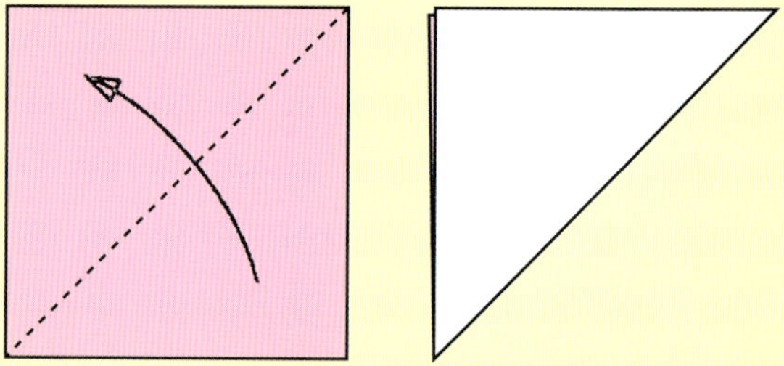

4면 접기

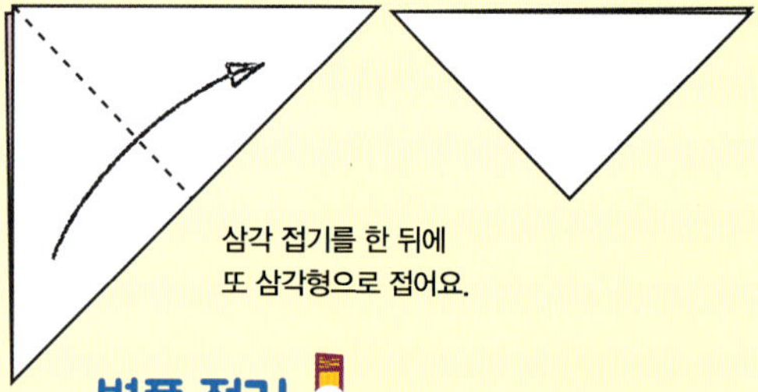

삼각 접기를 한 뒤에
또 삼각형으로 접어요.

8면 접기

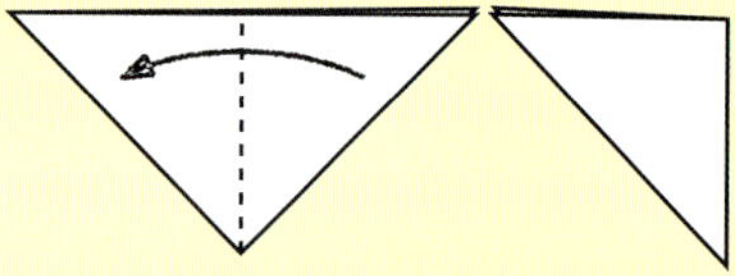

4면 접기를 한 뒤에
또 삼각형으로 접어요.

16면 접기

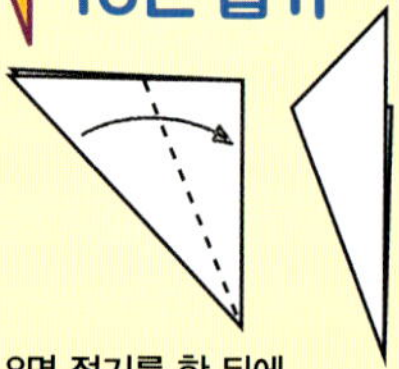

8면 접기를 한 뒤에
가장자리끼리 맞닿게 접어요.

병풍 접기

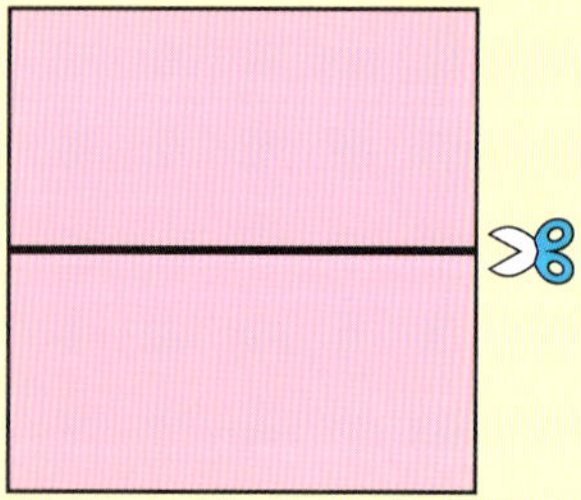

① 반으로 잘라요.

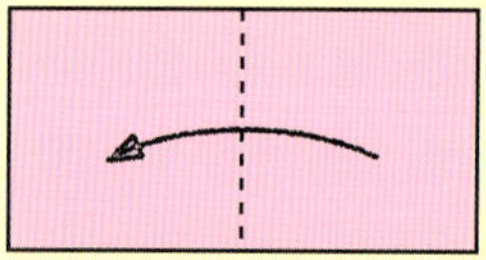

② 반으로 접어요.

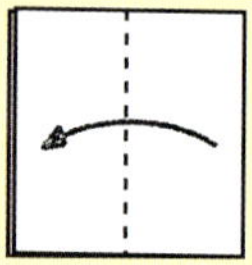

③ 또 반으로 접어요.

④ 또 반으로 접어요.

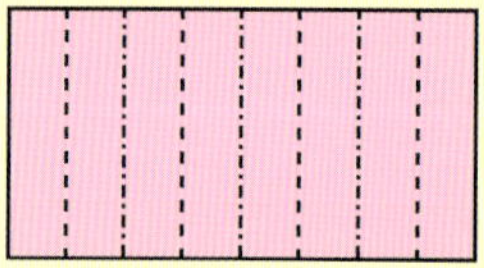

⑤ 펼쳐서 산 접기선과 계곡 접기
선을 따라 번갈아 접어요.

⑥ 종이 가장자리가 왼쪽으로
오도록 해요.

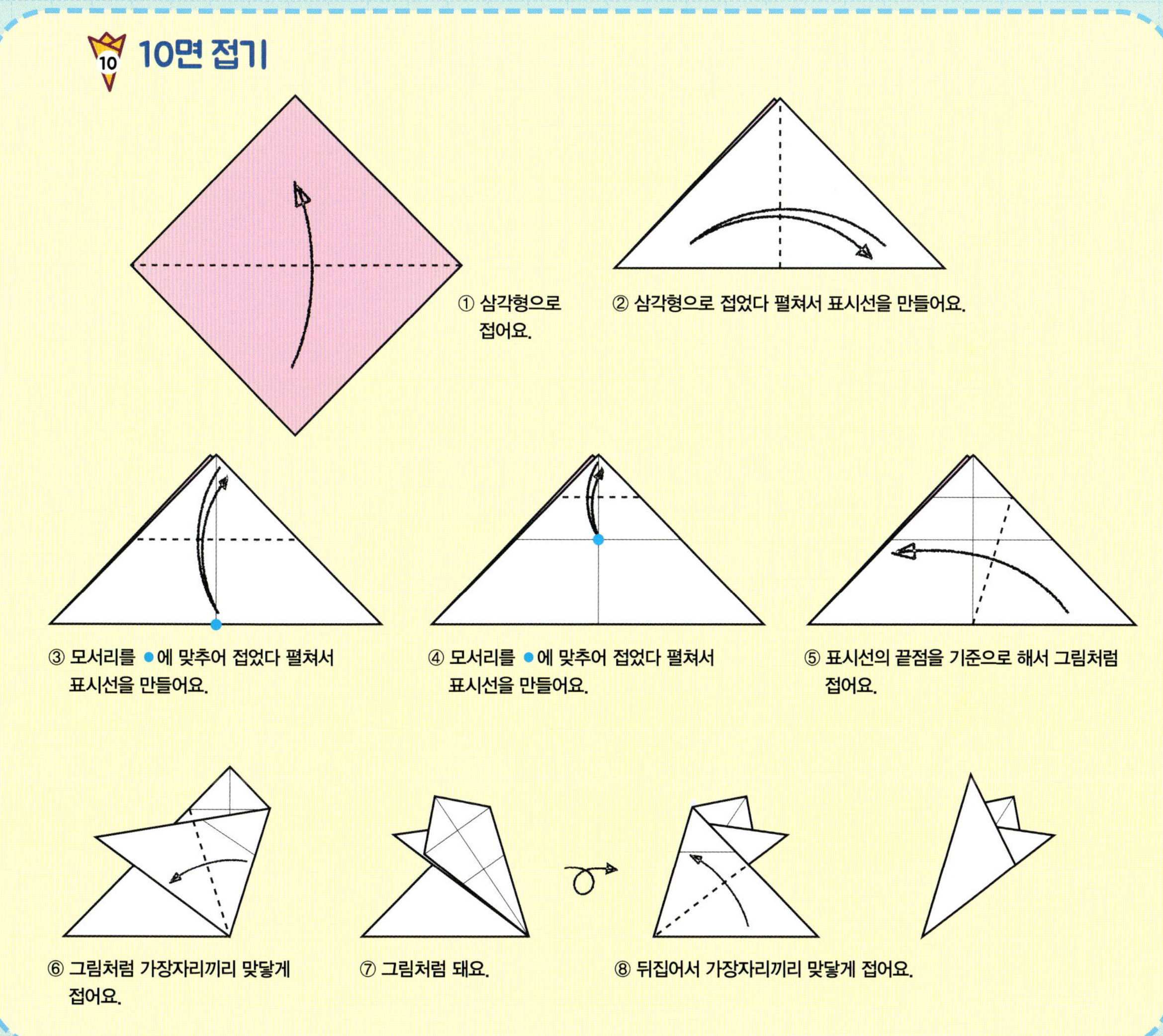

10면 접기

① 삼각형으로 접어요.

② 삼각형으로 접었다 펼쳐서 표시선을 만들어요.

③ 모서리를 ●에 맞추어 접었다 펼쳐서 표시선을 만들어요.

④ 모서리를 ●에 맞추어 접었다 펼쳐서 표시선을 만들어요.

⑤ 표시선의 끝점을 기준으로 해서 그림처럼 접어요.

⑥ 그림처럼 가장자리끼리 맞닿게 접어요.

⑦ 그림처럼 돼요.

⑧ 뒤집어서 가장자리끼리 맞닿게 접어요.

꽃
알록달록한 꽃밭을
만들어 봐요!

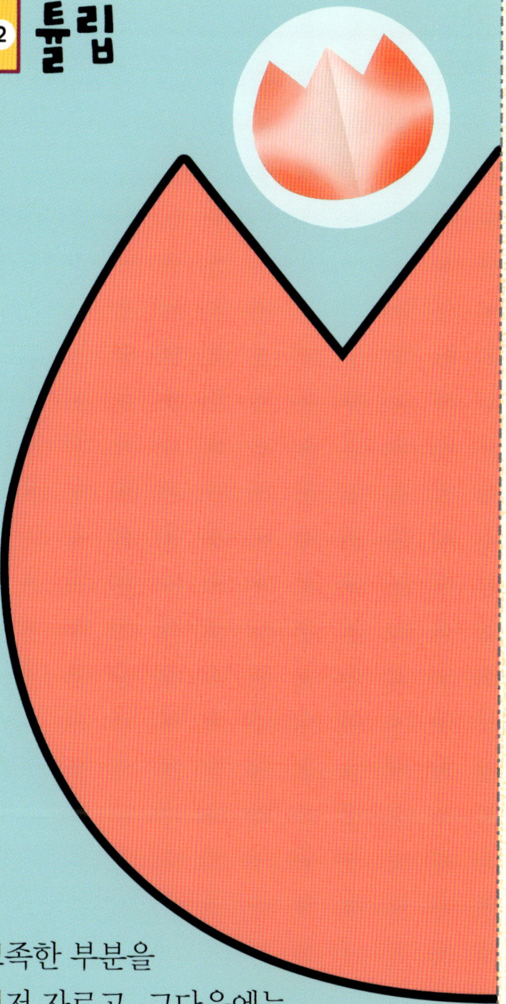

뾰족한 부분을
먼저 자르고, 그다음에는
둥그렇게~ 예쁘게 오렸나요?

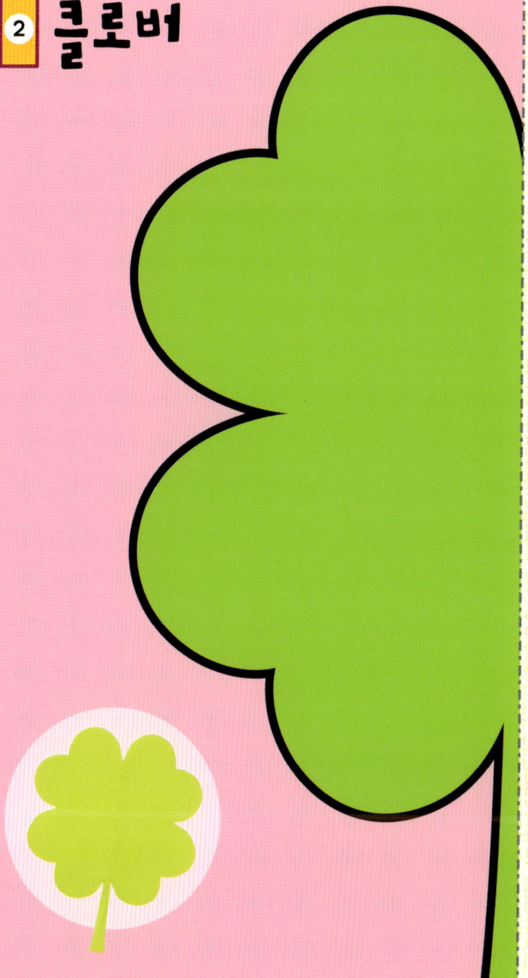

행운을 부르는 네 잎 클로버.
왠지 좋은 일이 생길 것 같아요!

벚꽃

10면 접기는 자주 쓰는 접기
방법이니까 잘 익혀 두어요.
7쪽의 설명을 잘 보세요.

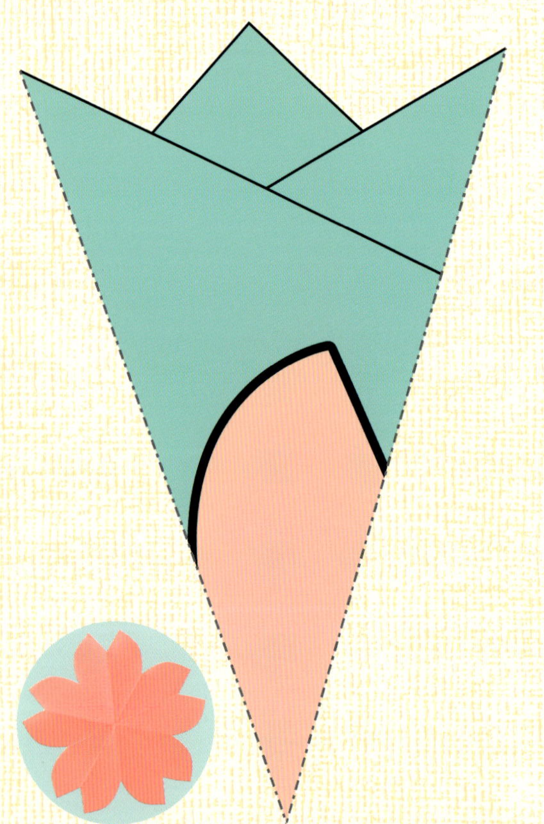

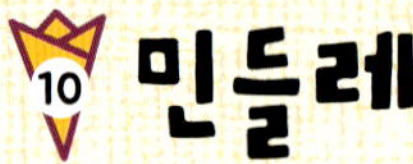

민들레

가장자리가 들쭉날쭉한 모양이에요.
오린 뒤에는 찢어지지 않게
살살 펴 보세요.

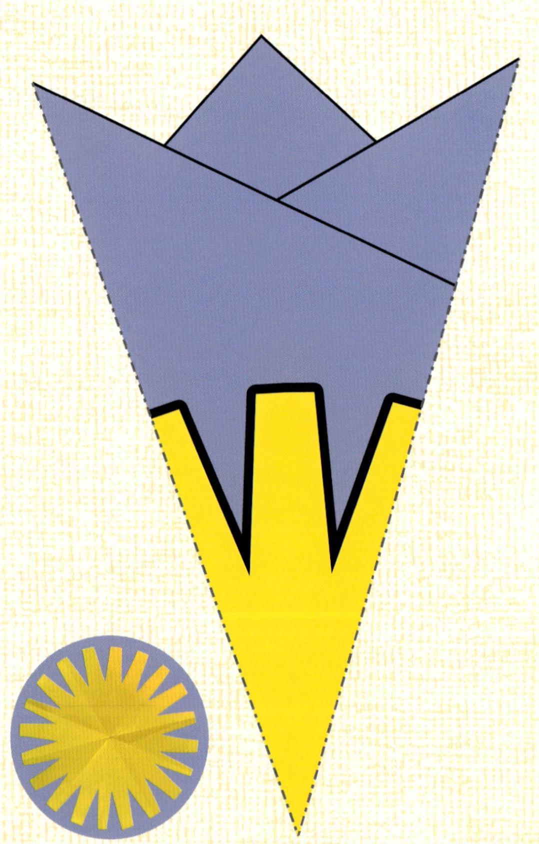

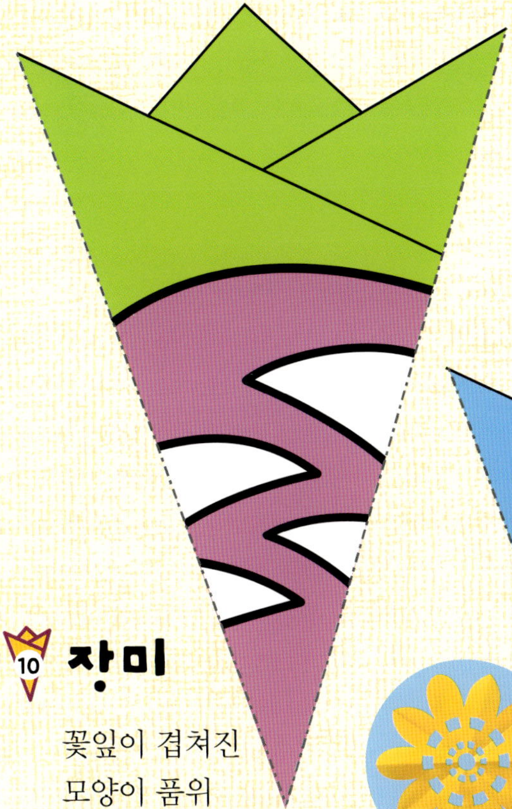

장미

꽃잎이 겹쳐진
모양이 품위
있어야 예뻐요!

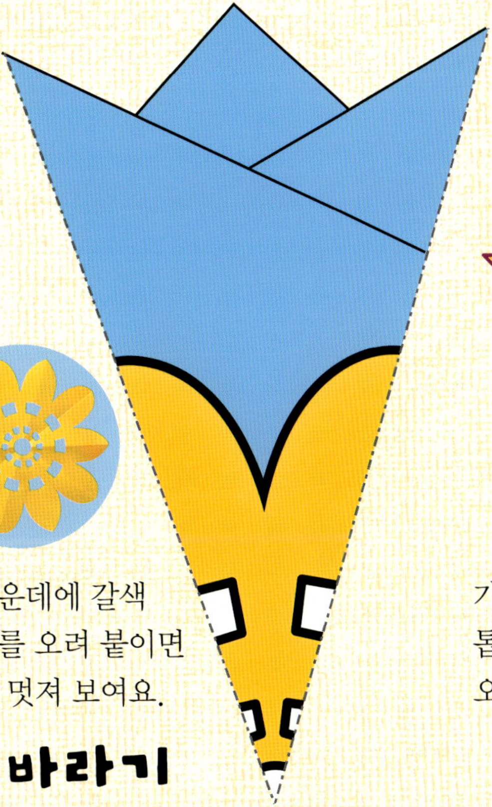

해바라기

한가운데에 갈색
종이를 오려 붙이면
더욱 멋져 보여요.

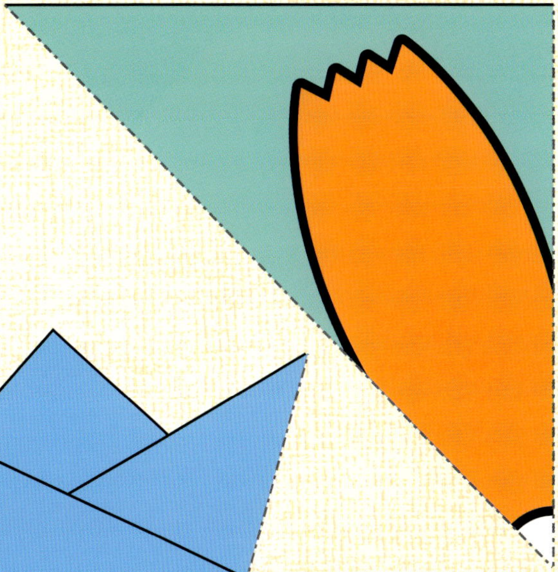

8 코스모스

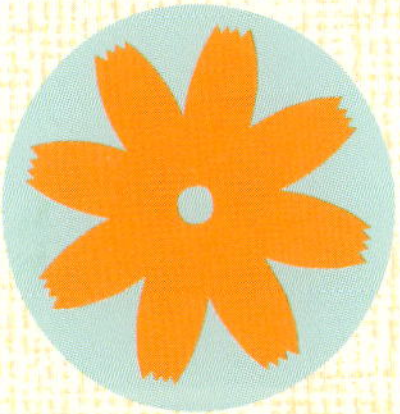

가장자리를 섬세하게
톱니 모양으로
오리는 게 포인트!

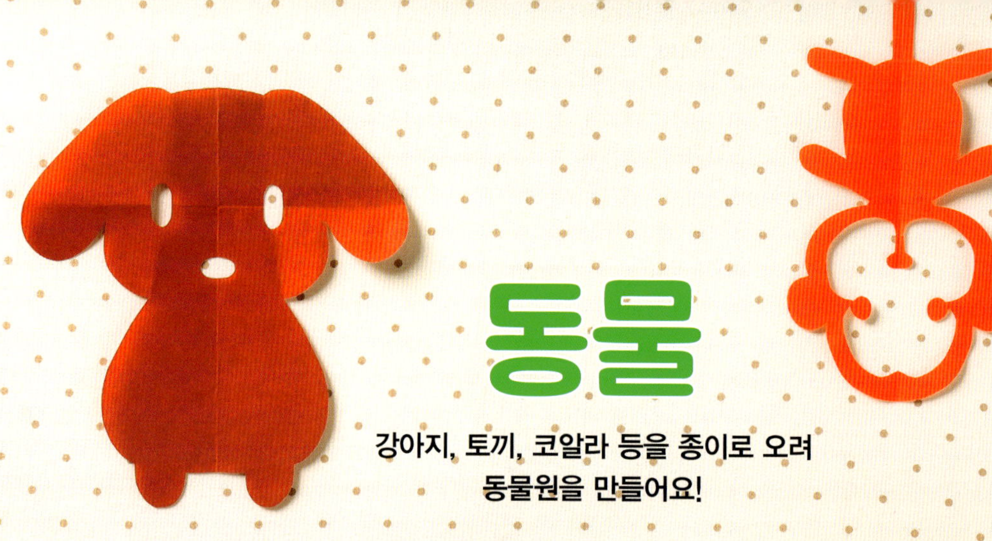

동물

강아지, 토끼, 코알라 등을 종이로 오려
동물원을 만들어요!

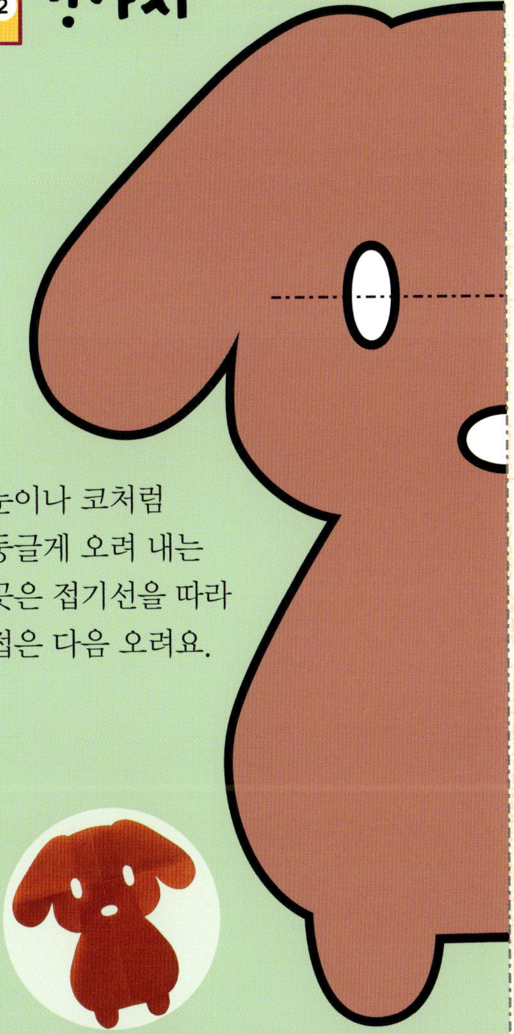

눈이나 코처럼
둥글게 오려 내는
곳은 접기선을 따라
접은 다음 오려요.

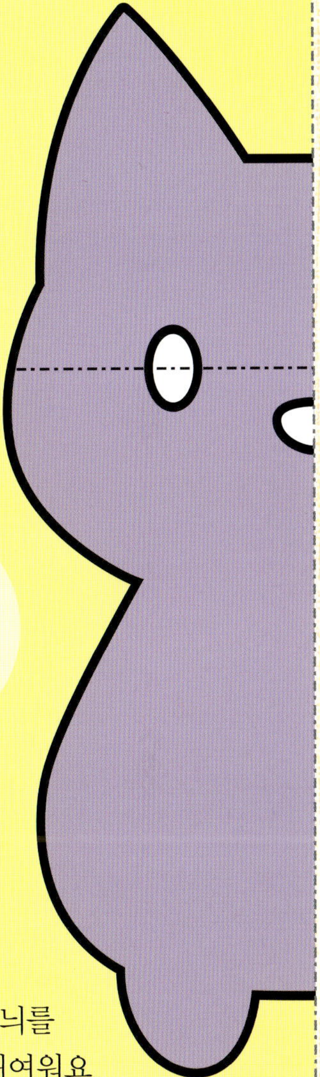

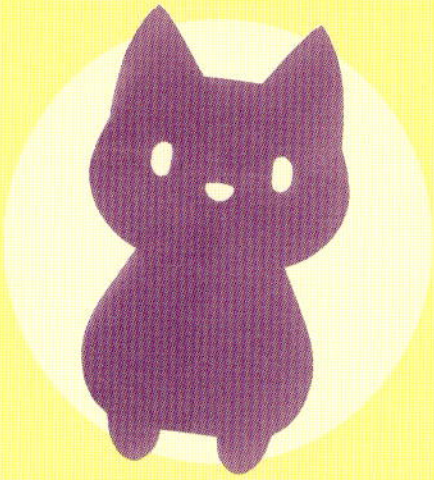

고양이 몸에
얼룩무늬나 줄무늬를
덧그리면 더욱 귀여워요.

② 토끼

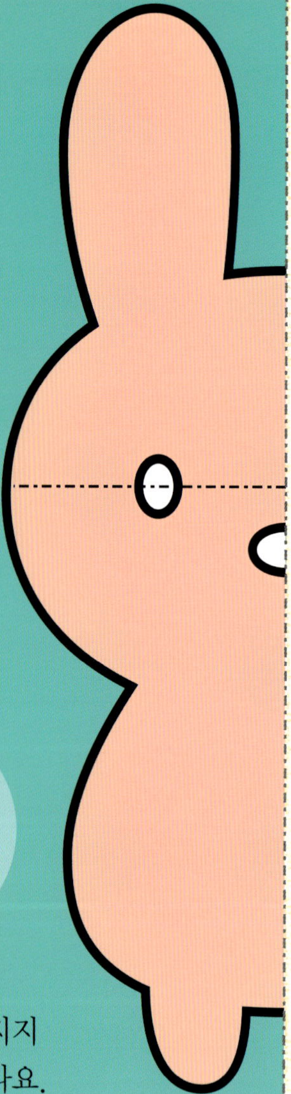

기다란 귀가 찢어지지
않게 조심조심 잘라요.

② 코알라

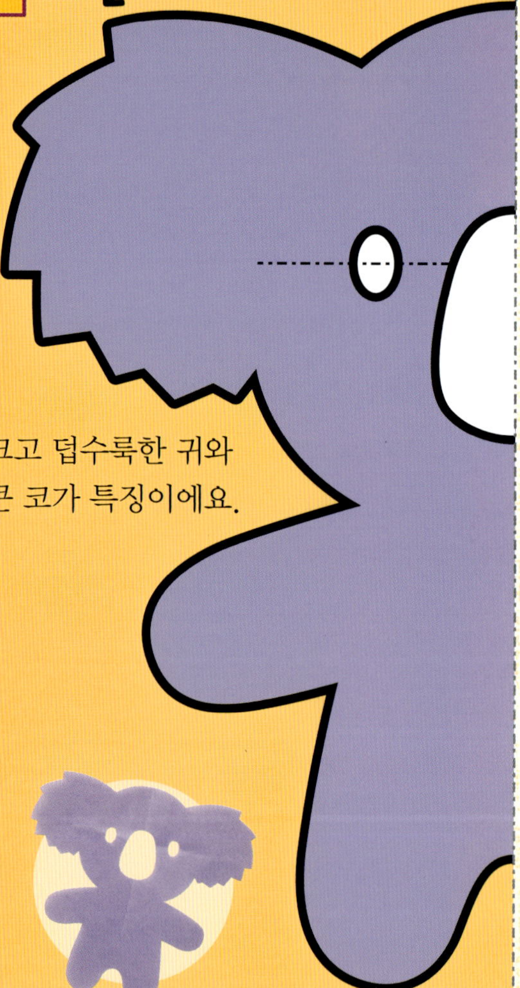

크고 덥수룩한 귀와
큰 코가 특징이에요.

동그란 배가
귀엽죠?

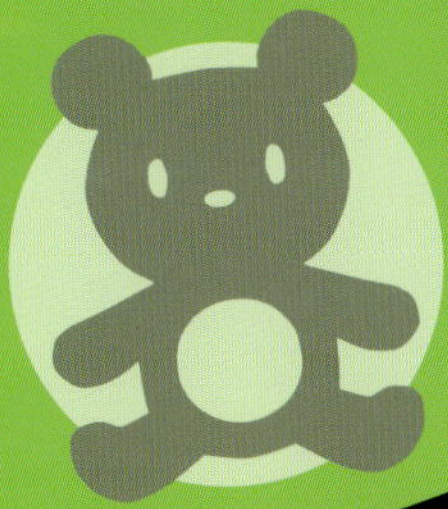

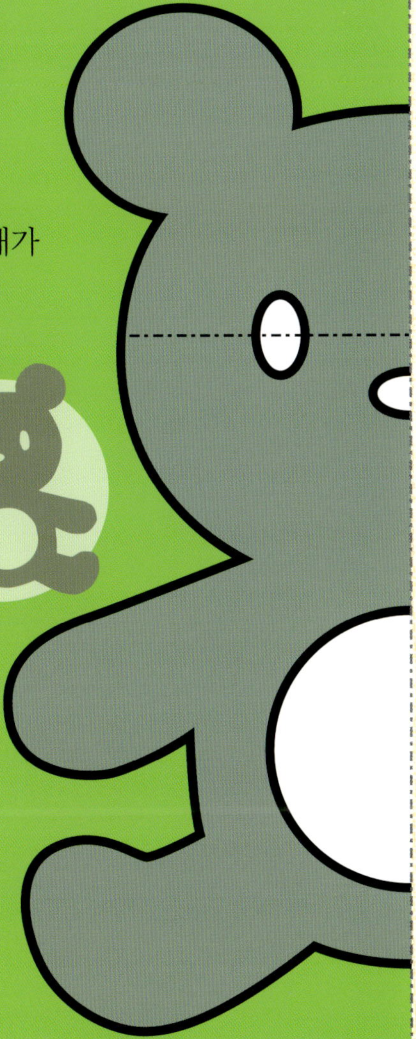

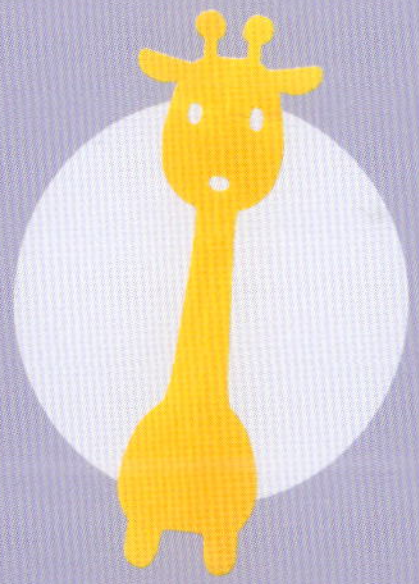

가느다란 목과 작은 뿔,
오리기가 어렵겠지만
힘내요!

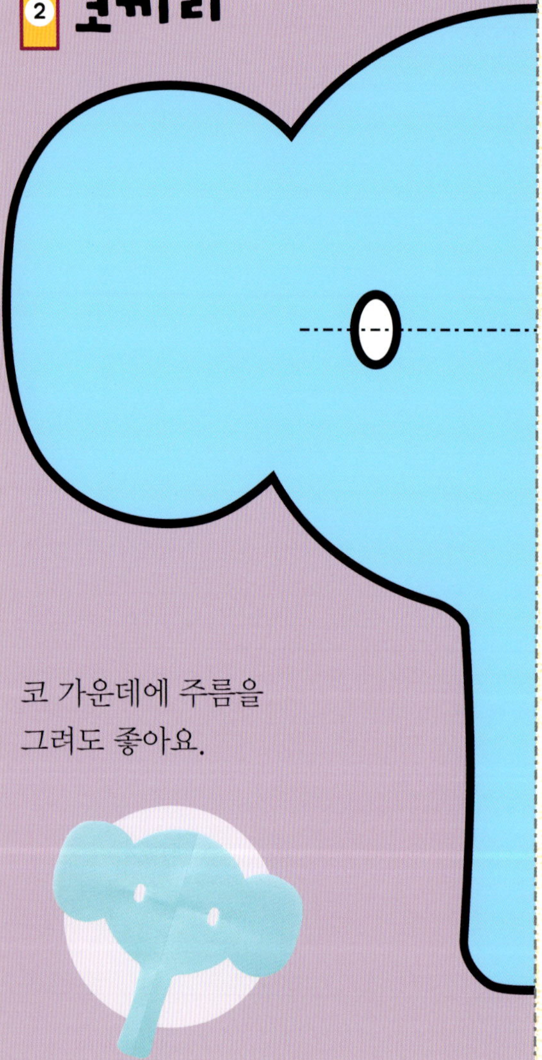

코 가운데에 주름을
그려도 좋아요.

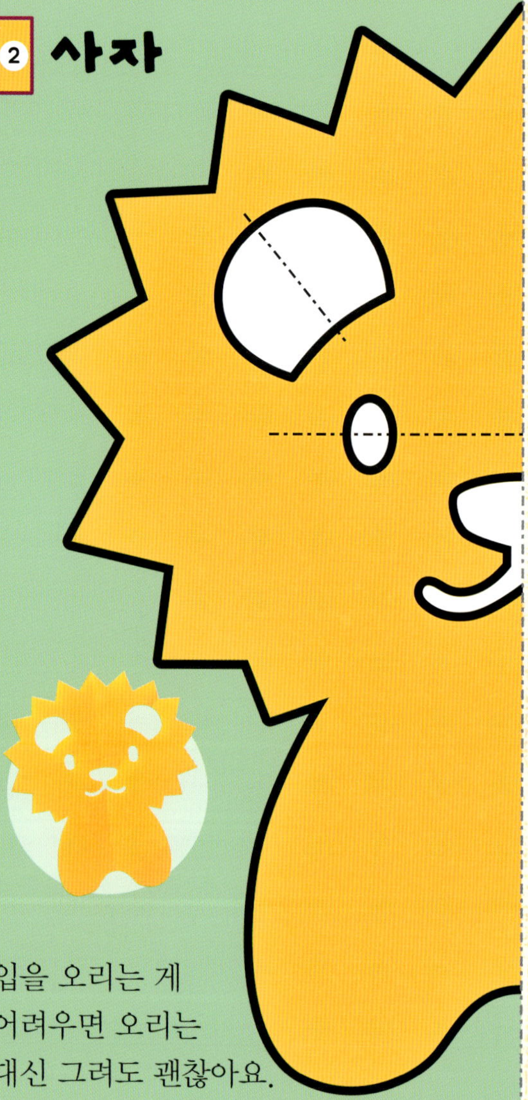

입을 오리는 게
어려우면 오리는
대신 그려도 괜찮아요.

② 판다

커다란
동그라미가 눈이
되는 거예요.

② 원숭이

동글동글 눈이랑 자그마한 코!
잘려 나가지 않게 조심하세요.

종이 오리기로 카드를 만들어요

테두리 카드

종이 오리기를 하면 테두리가 남는데,
그 종이를 버리지 말고 카드로 변신시켜 보아요!

★ 위의 사진은 53쪽의
'크리스마스트리'를 사용해
만든 거예요.

만드는 방법

1 종이 오리기를 한 뒤에 남은 색종이를
준비해요.

2 남은 색종이를 그것과 같은 크기의 도화지에
풀로 붙여요.

3 동그라미 스티커를 붙이거나,
색을 칠하거나, 그림을 그려 완성해요.

재료

- 종이 오리기를 하고 남은 색종이
- 도화지
- 동그라미 스티커 등 카드를 꾸미는 재료

카드를 열면 귀여운 종이 오리기가 일어서는 팝업 카드!
간단히 만들 수 있으니 도전해 봐요.

만드는 방법

1 4분의 1 크기로 만든 종이 오리기를
도화지에 풀로 붙이고, 종이
오리기의 모양에 맞추어 잘라요.

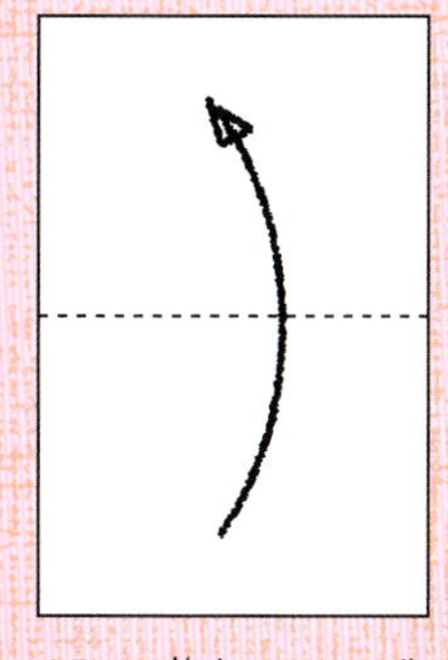
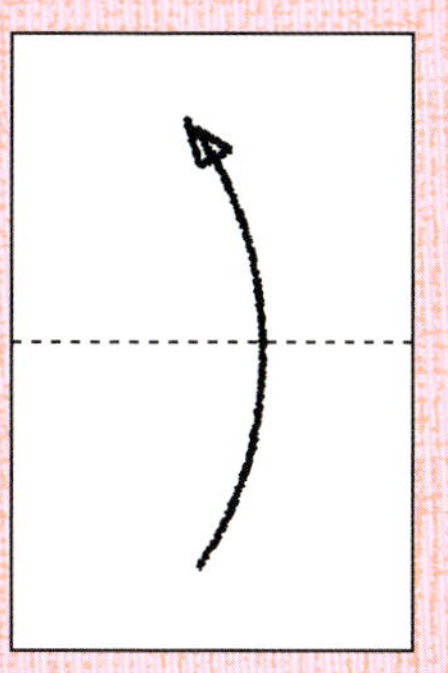

2 A5 크기(가로 15cm, 세로 21cm
정도)의 도화지를 반으로 접어요.

★ 가로세로
15cm짜리 종이를
4등분해서 9쪽의 '클로버'와
14쪽의 '코알라'를 만든 거예요.
(오리기 본을 50% 축소 복사해서 쓰면
4분의 1 크기가 돼요.)

3 종이의 가운데를 기준으로 그림처럼
2cm 정도의 가위집을 넣어요.

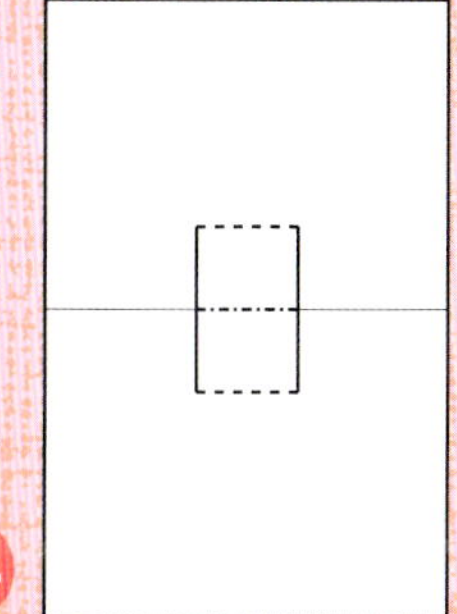

4 종이를 펼쳐서 가위집을 넣은 부분을
그림처럼 접어요.

5 그림의 빗금 부분에 ①을 풀로 붙여요.
펼쳤을 때 잘 설 수 있도록 위치를
맞추고, 서로 맞붙는 부분만 풀칠하는
것이 포인트예요.

재료

- 4분의 1 크기로 만든 종이 오리기
- 도화지(팝업용, 카드용)

4분의 1 크기로 만든 종이 오리기와
스티커를 붙여 꾸며요. 빈 곳에 글을 써요.

줄줄이 장식

새도, 집도, 소녀도,
모두가 사이좋게 줄줄이 이어지는 장식을 오려요~♪

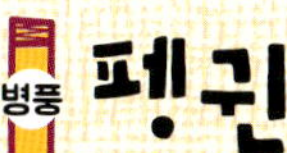 소녀

병풍 접기는 접은 부분이 이음매가 되어,
똑같은 모양이 줄줄이 이어져요. 이음매가
잘려 나가지 않게 조심해요.

병풍 펭귄

눈을 그려 넣어서 펭귄의 표정을
저마다 다르게 만들어 봐요.

병풍 개구리

입을 어떻게 오리는가에 따라
표정이 다르게 나와요.

 **소년**

둥글게 모여 있는 모습이
즐거워 보여요! 얼굴에 표정을
그려 넣어도 좋아요.

 **집**

지붕에 모양을 내거나 문을
그려 꾸며 보세요.

 **기차**

좋아하는 색깔로 여러 개를
오려서, 알록달록 기차들이
줄지어 달리게 만들어 봐요.

화환

귀여운 튤립 화환이에요.
다른 꽃으로도 화환을
만들어 봐요.

병풍 새

병풍 접기에서 ④를
생략하고 접어요. 이때
색종이의 가장자리를
왼쪽으로 두어야 해요.

병풍 나무

사진처럼 꽃무늬 색종이를
이용하면 나무에 꽃이 핀
것처럼 보여요!

곤충

장수풍뎅이, 사슴벌레, 무당벌레······
기운찬 곤충들을 종이로 오려 봐요!

2 장수풍뎅이

뿔이 멋진
장수풍뎅이.
다리가 잘려 나가지
않게 조심해서
오려요.

2 사슴벌레

커다란 턱이
특징이에요. 톱니
부분이 어려울 텐데,
힘내요!

② 무당벌레

눈과 무늬는 접기선을 따라 접은 다음
오려요. 칠성무당벌레가 되었나요?

② 나비

커다란 날개가
팔랑팔랑.
무늬를 그려
넣으면 더
멋있어요.

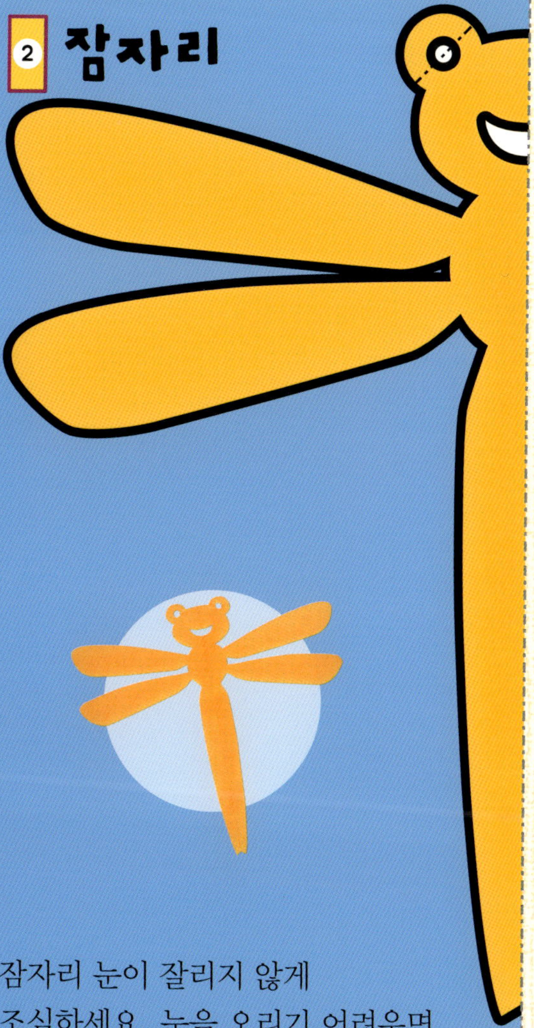

잠자리 눈이 잘리지 않게
조심하세요. 눈을 오리기 어려우면
귀엽게 그려 넣어도 좋아요.

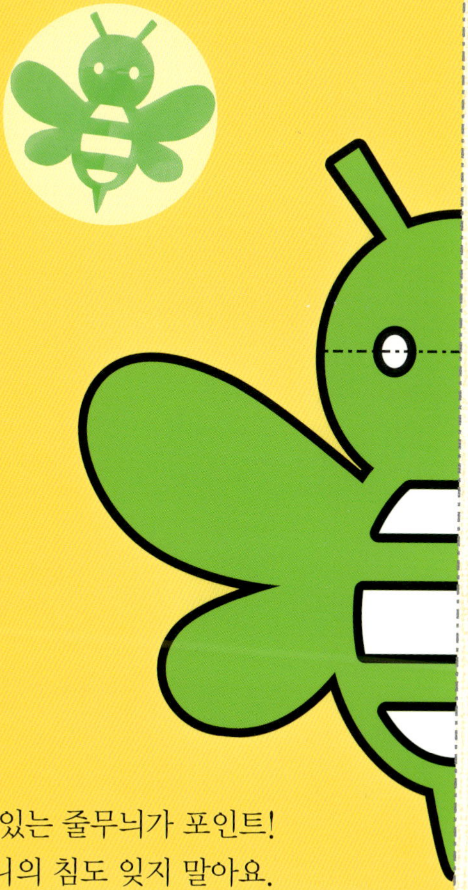

배에 있는 줄무늬가 포인트!
꽁무니의 침도 잊지 말아요.

펼치면 놀라는 장식

접고 오려서 펼치면~
우아! 생각지도 못한 모양이 나타나요.

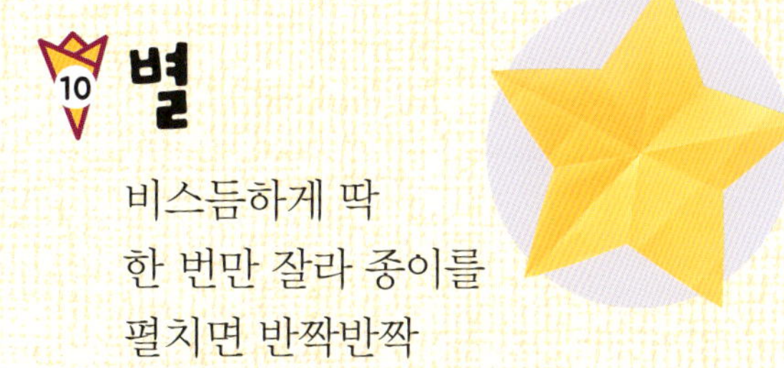

2 하트

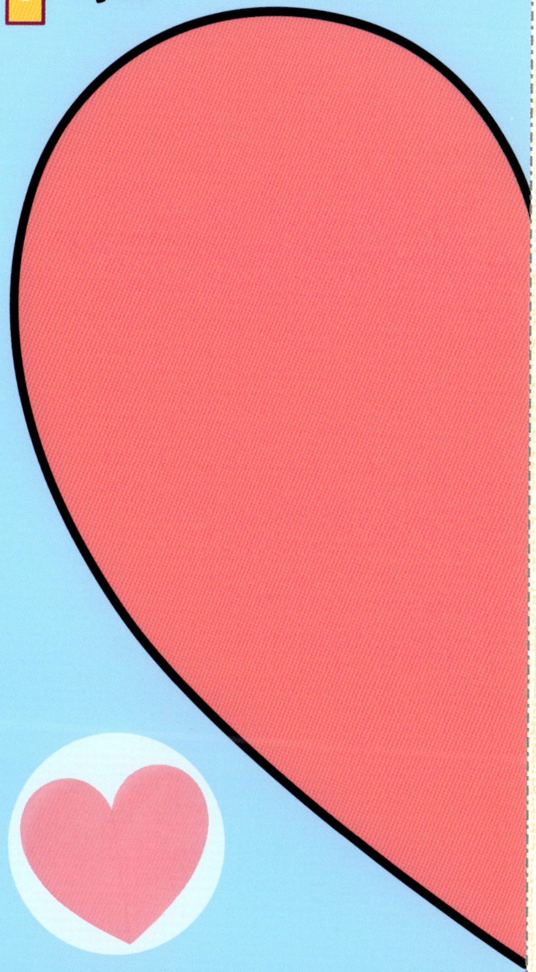

색깔과 크기를 바꾸어 가며 오려 봐요.

10 별

비스듬하게 딱
한 번만 잘라 종이를
펼치면 반짝반짝
별이 완성!

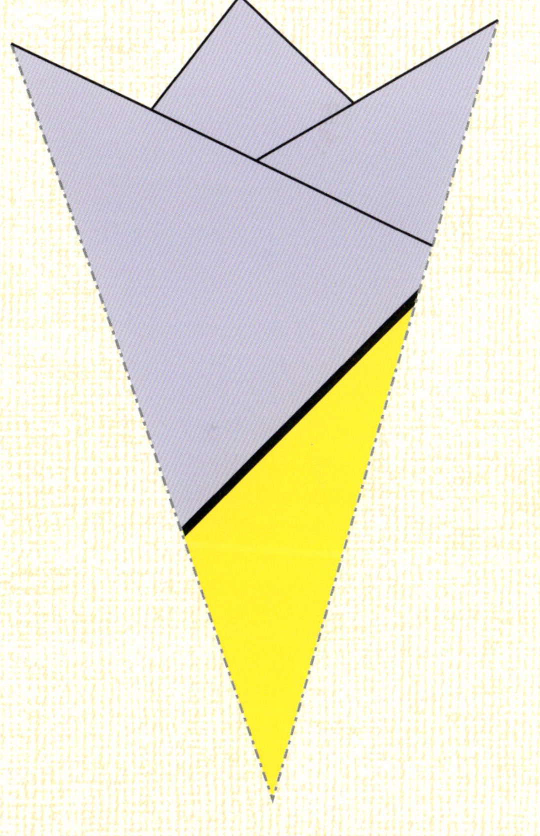

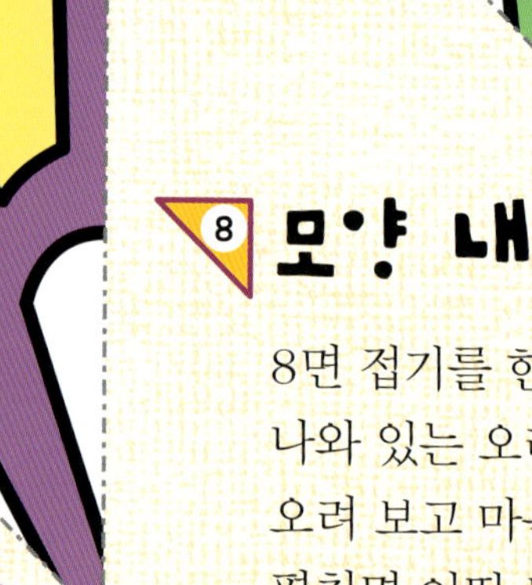

8 모양 내기

8면 접기를 한 뒤에 여기
나와 있는 오리기 본처럼
오려 보고 마음대로도 오려 봐요.
펼치면 어떤 모양이 나올까요?

16 불꽃놀이

펑! 하고 밤하늘을 수놓는 불꽃놀이. 오리는
방법을 바꾸면 다른 모양의 불꽃이 나타나요.

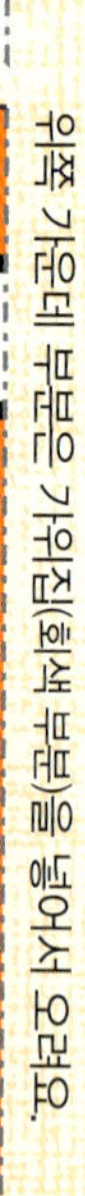

여러 가지 표정

눈과 입, 머리 모양 등을 바꾸어
다른 표정을 만들어 봐요.

파란 선만 따라 오리거나 빨간 선만
따라 오리세요. 각기 다른 표정이 나타나요.

탈것

멋진 탈것들이 가득해요!
타고 싶은 것들을 오려 봐요.

각기 다른 색깔의 종이로
오리면 더욱 좋아요!

② 버스

② 자동차

② 비행기

쌔앵~ 소리를 내며 날아가는
비행기, 참 멋져요!

▲ 4 고속 열차

운전석의 작은 창문은 오리기선을 따라
가위집(회색 부분)을 넣어 오려요.
열차가 앞뒤로 2개 만들어지는데,
풀이나 테이프로 맞붙여서 완성해요.

2 로켓

3, 2, 1, 발사!
장식할 때는 32쪽처럼
꽁무니에 불꽃을
그려 봐요.

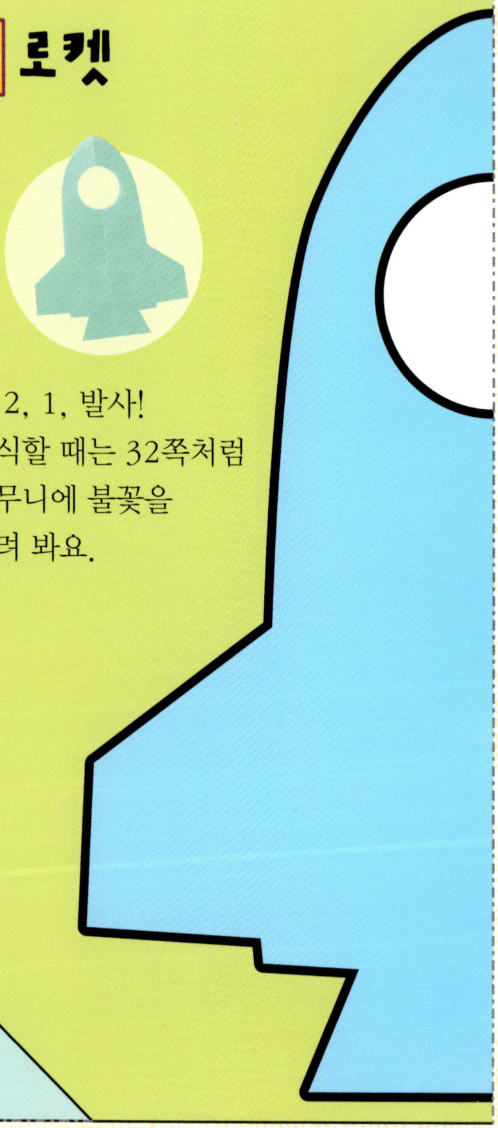

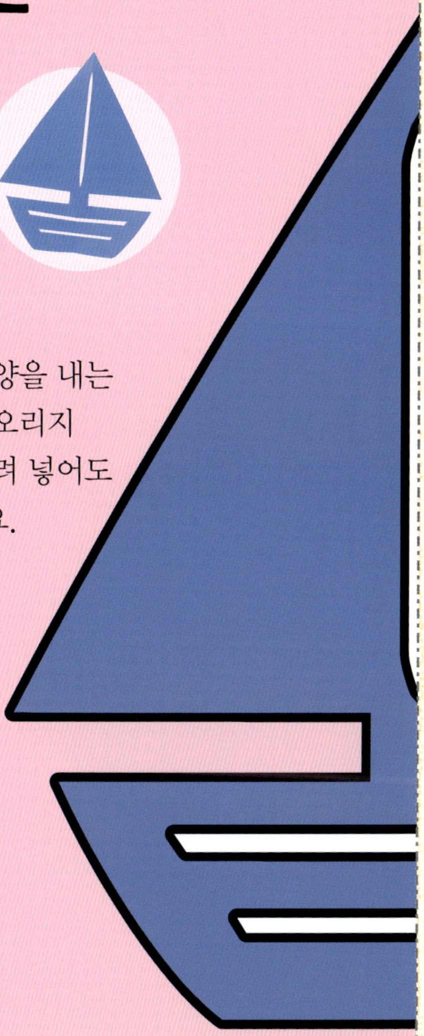

배의 모양을 내는
부분은 오리지
않고 그려 넣어도
괜찮아요.

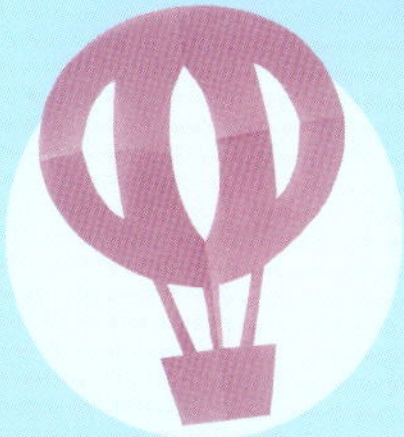

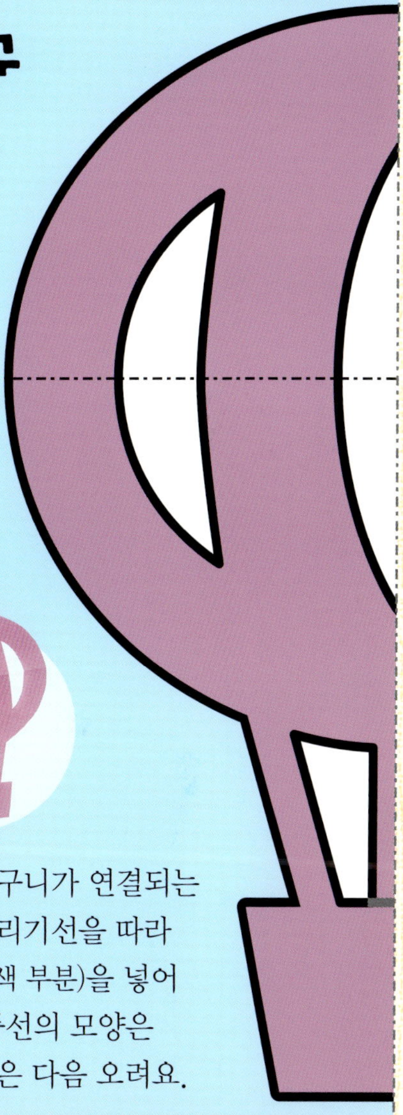

풍선과 바구니가 연결되는
부분은 오리기선을 따라
가위집(회색 부분)을 넣어
오려요. 풍선의 모양은
반으로 접은 다음 오려요.

액세서리와 옷
반짝반짝 알록달록 귀여운 액세서리와 옷~
어떤 걸 입을까 고민이에요!

 원피스

퍼프소매가 달린 공주
원피스. 옷자락이
포인트예요.

 바지

줄무늬나 물방울무늬를
그려 넣으면 더
멋있어요.

 티셔츠

오려 낸 체리 모양은
다른 옷을 장식할 때
쓸 수 있어요.

안경알 부분은
접은 뒤에 오려요.

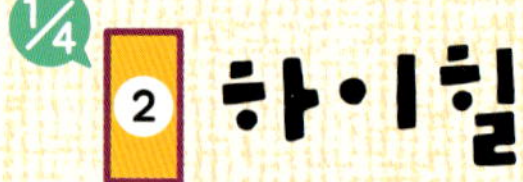

어른처럼 보이고
싶을 때는
하이힐이죠!

멋진 가방은 어떤
스타일에도 어울려요.

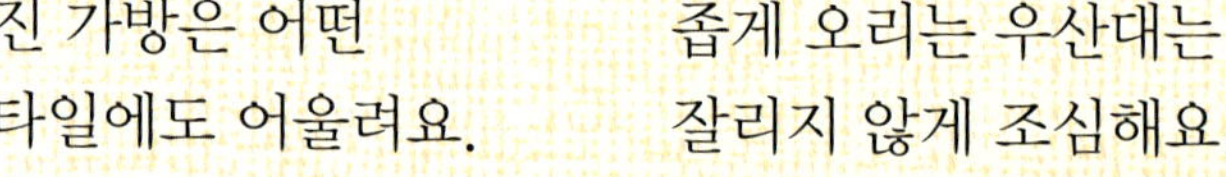

좁게 오리는 우산대는
잘리지 않게 조심해요!

¼ ② 밀짚모자

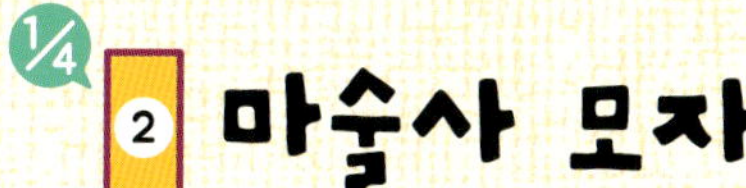

¼ ② 마술사 모자

¼ ② 베레모

봉긋한 모양과
맨 위의 꼭지가
귀엽죠?

¼ ② 왕관

오리기선을 따라서
멋진 왕관을
만들어 봐요.

삼각형으로 오린 부분은
펼치면 리본이 돼요.

마술사가 쓰는 커다란
모자. 파티에도 좋아요.

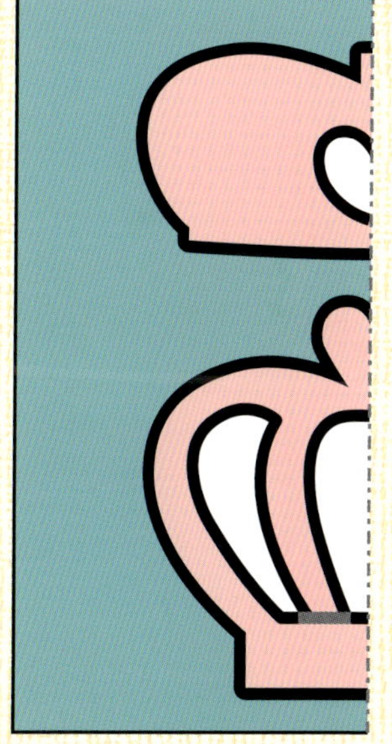

2 반지

하트 모양이 귀여운 반지와,
다이아몬드가 빛나는 멋진 반지.
둘 중에 어떤 것이 더 좋은가요?

2 목걸이

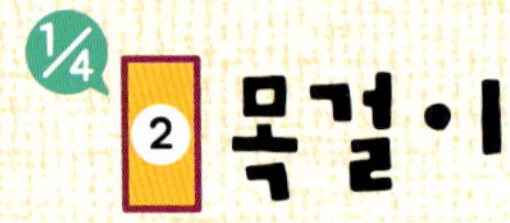

하트 장식이 달린
목걸이예요.
둥근 체인이 귀여워요!

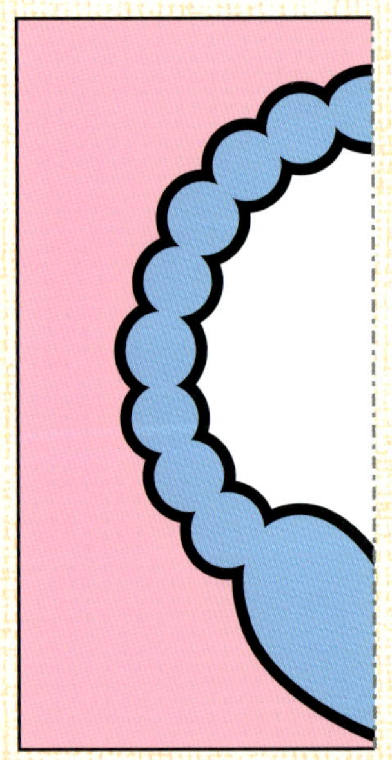

② 리본

통통하고 귀여운 리본과, 매듭이 단단히
묶인 리본. 갖가지 색깔로 여러 개 만들어
선물에 장식하면 멋질 거예요.

② 티·아·라

윗부분을 잘 오려서 우아한
티아라를 만들어 봐요.

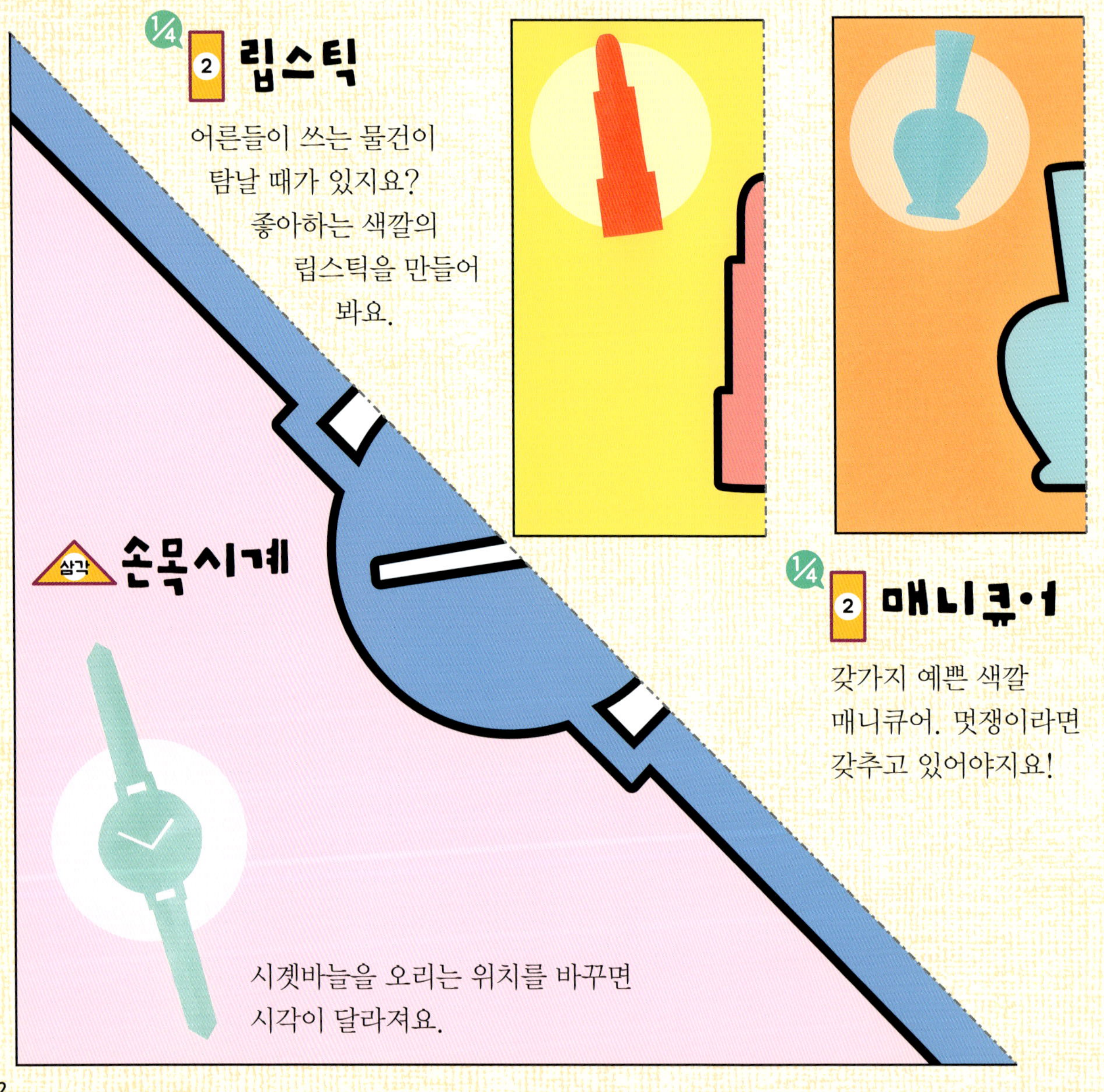

① ② 립스틱

어른들이 쓰는 물건이
탐날 때가 있지요?
좋아하는 색깔의
립스틱을 만들어
봐요.

△ 삼각 손목시계

시곗바늘을 오리는 위치를 바꾸면
시각이 달라져요.

① ② 매니큐어

갖가지 예쁜 색깔
매니큐어. 멋쟁이라면
갖추고 있어야지요!

멋 내기는 정말 좋아!

멋 내기를 아주 좋아한다면 종이로 여러 가지 액세서리를 오려서 멋 내기를 해 보는 게 어때요?
두꺼운 색종이나 셀로판지 등으로 만들면 잘 찢어지지 않아요.

💙 머리핀에 붙여요

41쪽의 '리본'을 머리핀에 붙여요! 사랑스러운 소녀로 금세 변신해요.

💙 크게 만들어요

큰 종이를 이용해 40쪽의 '목걸이'를 직접 목에 걸 수 있는 크기로 만들어 봐요. 뒤쪽을 잘라 목에 건 다음 스티커로 이어 붙여도 좋아요.

💙 소품에 포인트를 주어요

종이 오리기를 노트나 책갈피에 붙이면 귀여운 소품으로 변신! 카드나 편지지에 붙여도 멋있어요.

💙 몸에 장식해요

40쪽의 '반지'나 42쪽의 '손목시계'는 사진처럼 실제로 몸에 착용할 수 있어요. 소꿉놀이를 할 때 쓰세요.

⭐ 어른에게도 잘 맞는 크기이니, 엄마한테도 선물해 주세요.

맛있는 간식
귀엽고 먹음직스러운 간식을 잔뜩 오려서
맘껏 먹어 봐요!

② 딸기

겉면에 씨를
그려 넣으면
진짜 딸기처럼
보일 거예요.

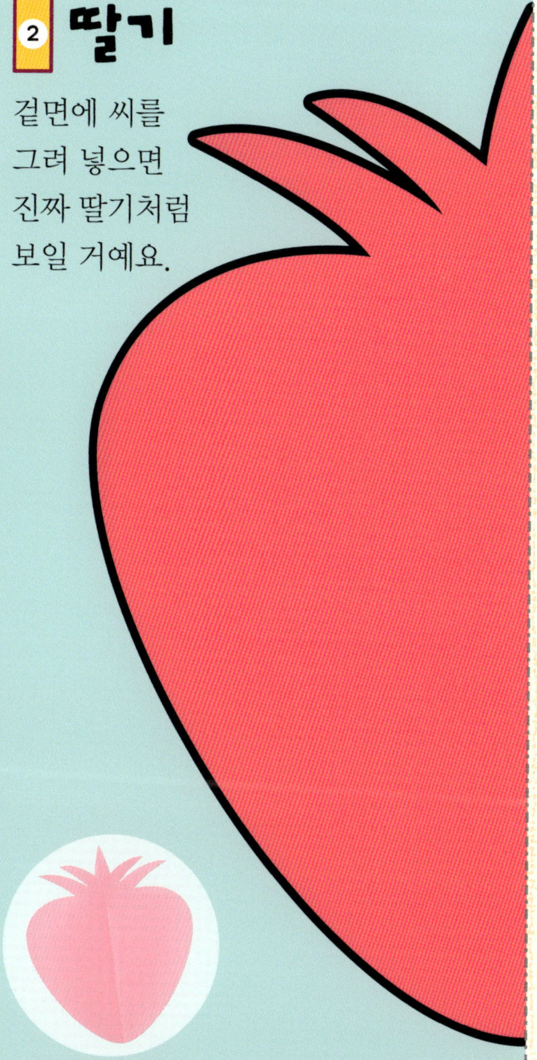

② 사과

과일의 대표,
사과! 둥글고
귀여워요.

체리

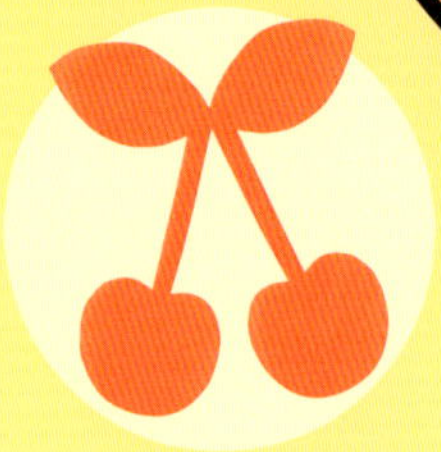

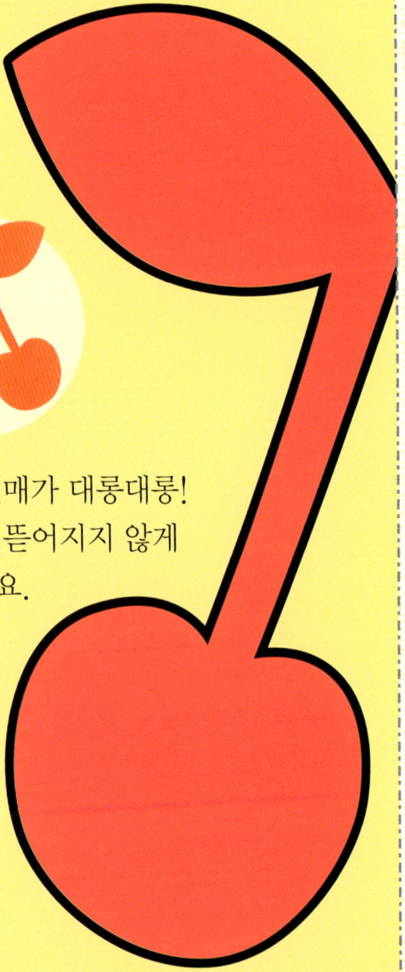

쌍둥이 열매가 대롱대롱!
이파리가 뜯어지지 않게
조심하세요.

파인애플

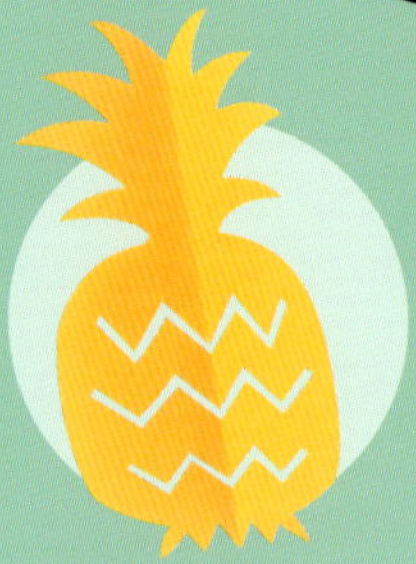

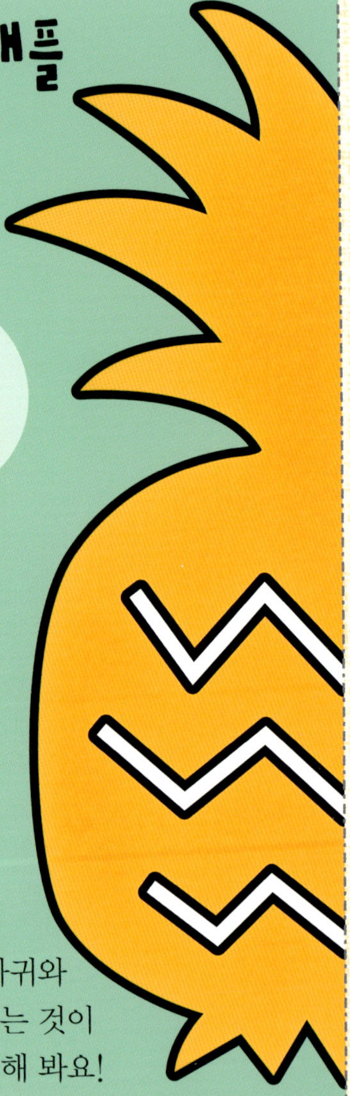

톱니 모양 잎사귀와
무늬를 오리기는 것이
어렵지만 도전해 봐요!

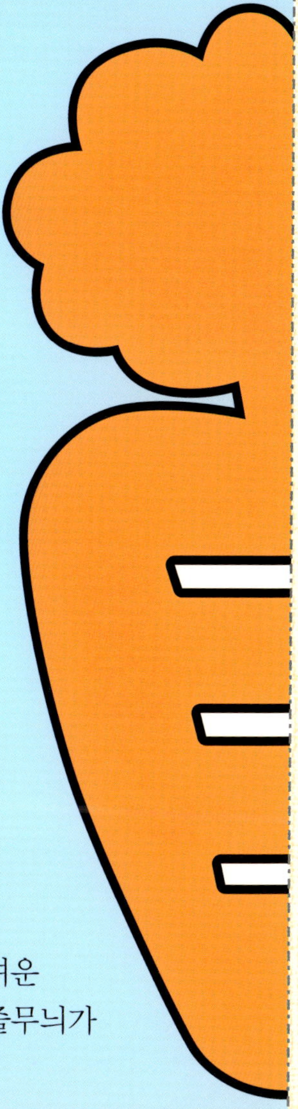

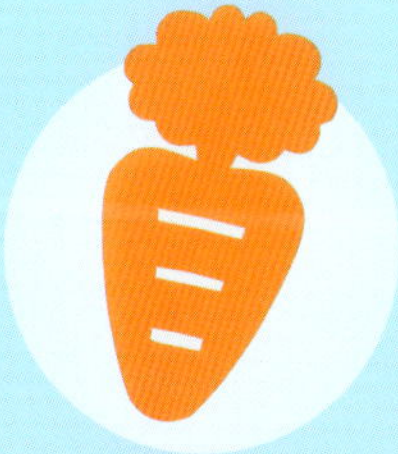

잎사귀가 달린 귀여운
당근. 3개의 가로줄무늬가
포인트예요.

2단으로 만든 화려한 케이크예요.
생일을 축하할 때 사용해요.

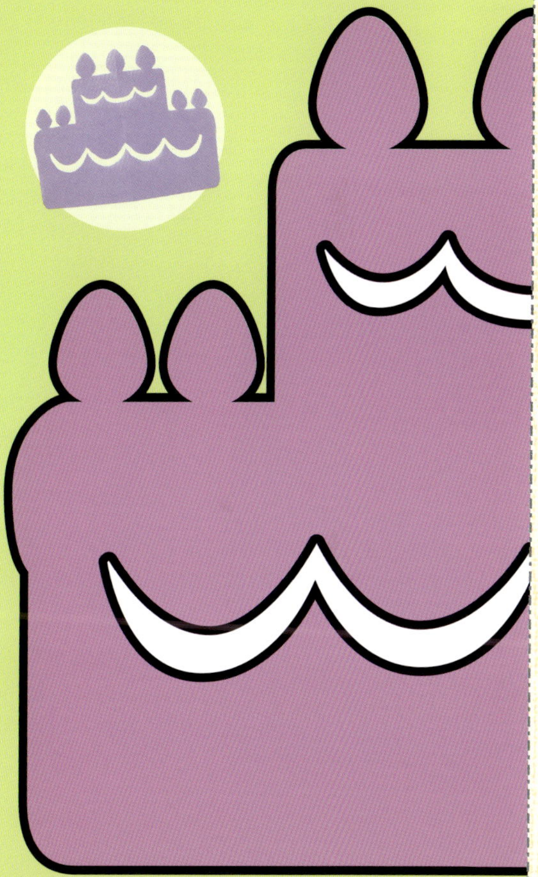

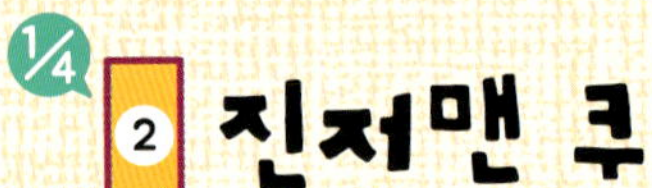

진저맨 쿠키

생강을 넣어 어른의 맛이
나는 쿠키예요.

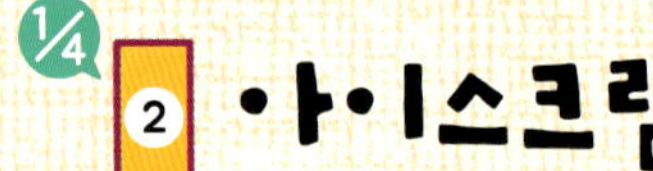

아이스크림

흰색은 바닐라, 갈색은
초콜릿……. 좋아하는
맛으로 만들어 봐요.

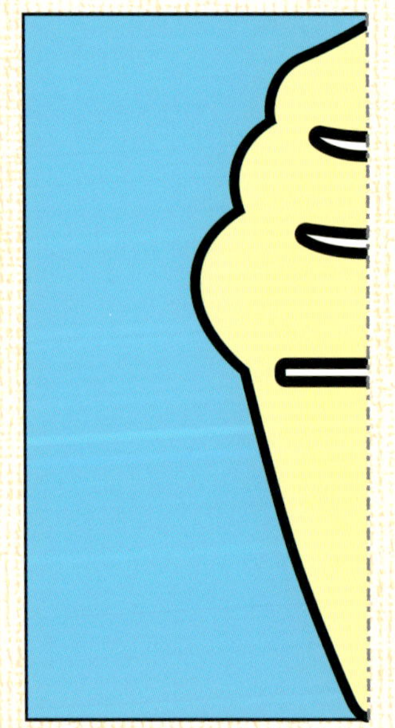

사탕

여러 가지 색깔과 귀여운
무늬의 색종이로 잔뜩
만들면 귀여워요.

도넛

원을 동그랗게 도려내면
맛있는 도넛이 완성! 그림을
그려 토핑을 얹어 보아요.

컵케이크

체리를 얹은 2단짜리 화려한 컵케이크와 단순한
크림 컵케이크. 오늘은 어떤 것을 먹고 싶나요?

버섯

모양이 다른 두 가지 버섯이에요.
향기로운 냄새가 날 듯 해요.

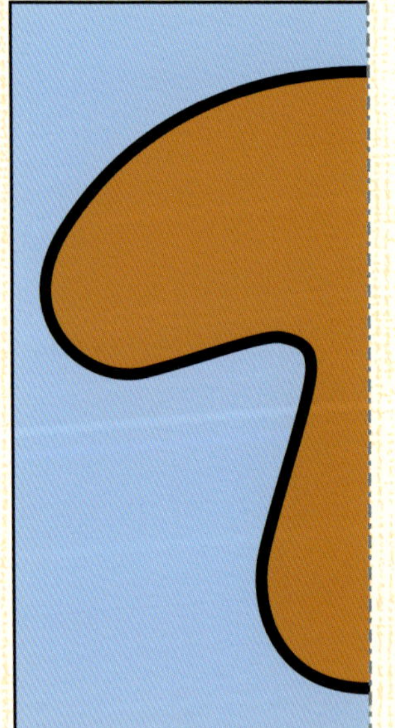

주스

빨대 두 개를 꽂아 둘이서
사이좋게
나눠 마셔요.

파티를 즐겁게

이름표를 만들어요

★ 사진은 9쪽의 '튤립'을 4분의 1 크기 종이 오리기로 만든 거예요.(오리기 본을 50% 축소해서 사용)

친구들이 여러 명 모일 때는 이름표를 달면 좋아요. 모두에게 멋진 기념품이 될 수도 있지요.

과자를 대접할 때

테이블냅킨이나 컵받침 대신 사용해도 멋져요! 종이컵에 저마다 다른 모양의 종이 오리기를 붙여 두면 자기 컵을 알아볼 때 편리해요.

★ 사진은 30쪽의 '모양 내기', 45쪽의 '사과', 48쪽의 '사탕'(오리기 본을 200% 확대해서 사용), '진저맨 쿠키'를 사용해 만든 거예요.

만드는 방법

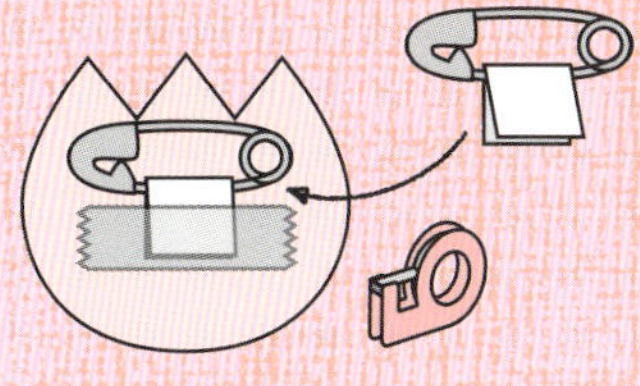

1 4분의 1 크기로 만든 종이 오리기를 풀로 도화지에 붙여, 종이 오리기의 모양에 맞추어 오려요.

2 옷핀을 꽂은 리본을 뒷면에 테이프로 붙여요.

방을 장식할 때

실에 종이 오리기를 붙이면 멋진 벽 장식이 된답니다.

★ 사진은 46쪽의 '체리', '파인애플', 47쪽의 '당근', '생일 케이크'를 4분의 1 크기 종이 오리기를 사용해 만든 거예요. (오리기 본을 50% 축소해서 사용) 파인애플은 오리기 쉽게 조금 변형했어요.

만드는 방법

그림처럼 종이 오리기를 뒤집어 테이프로 실에 붙여요.

계절 장식
봄, 여름, 가을, 겨울…….
계절이 바뀌면 계절에 어울리는 종이 오리기로
근사하게 장식해요~

② 산타클로스

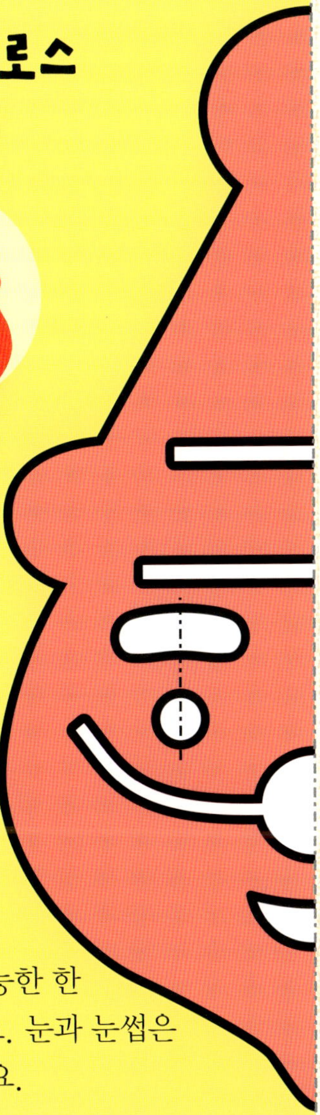

수염 부분은 가능한 한
가늘게 오리세요. 눈과 눈썹은
접은 다음 오려요.

② 크리스마스트리

나무 꼭대기에 별이 반짝여요.
별이 떨어지지 않게 조심!

¼ 2 도토리

귀여운 모자를 쓴 도토리. 폭을 넓게 해서 오리면 더욱 통통한 모양이 돼요.

¼ 2 나뭇잎

나뭇잎은 저마다 모양이 달라요.
계절에 따라 색깔을 바꾸어 만들어 봐요.

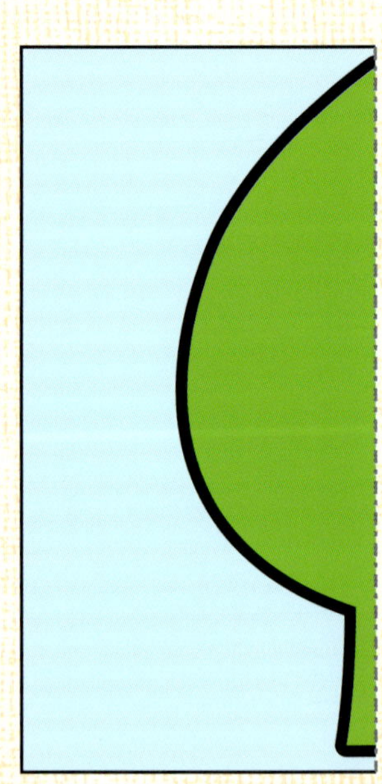

2 떡

설날 차례상에 떡을
겹쳐 높이 쌓은 모양의
장식이에요. 맨 위에는
별 모양 장식을 내 봐도
좋아요.

2 눈사람

눈이 오지 않는 날에도
만들 수 있는 눈사람이에요.

인형

크리스마스트리를
장식할 수 있는
인형이에요. 남자 인형과
여자 인형인데, 옷 장식과
머리 모양 말고는 같은
모양이에요.

파란 선을 따라 오리면
남자 인형이, 빨간 선을
따라 오리면 여자
인형이 완성돼요.

잉어 장식

새해 복을 비는
잉어 장식이에요.
색깔과 크기,
모양을 바꾸어 가며
만들어 보세요.

각각 빨간 선과 파란 선을
따라 오리면 다른 모양으로
완성돼요.

2 야광 귀신

정월 초하룻날 밤에 내려와
신발을 훔쳐 간다는 야광
귀신이에요. 얼굴을 오리는 대신
크레파스 등으로 그려서 여러
가지 표정을 만들어도 좋겠네요!

2 금붕어

새해에 부자가 되도록 해 준다는
금붕어예요. 여러 가지 색깔로
친구들을 많이 만들어 주세요.

펌프킨 잭

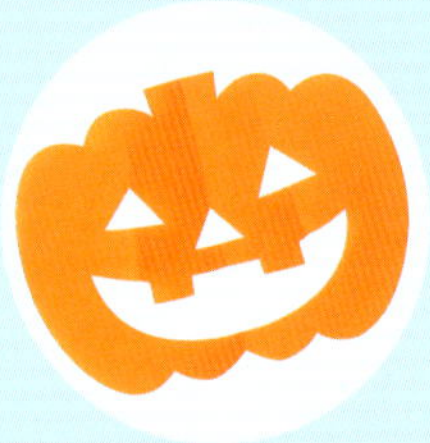

핼러윈 데이의
호박이에요. 눈은
접은 뒤에 오려요.

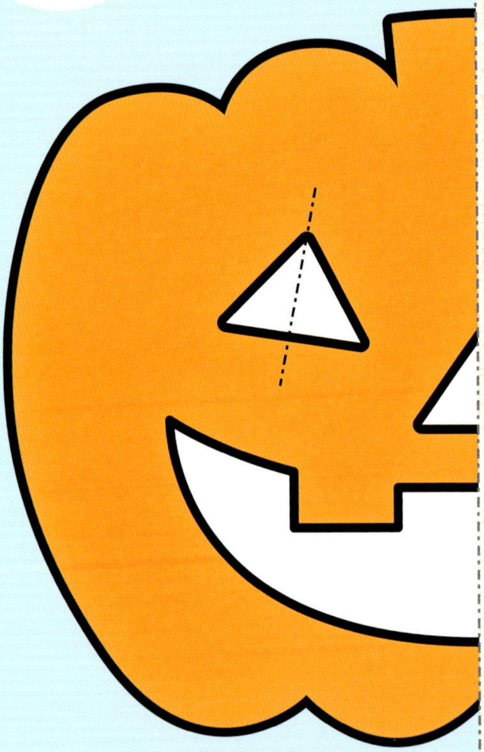

박쥐

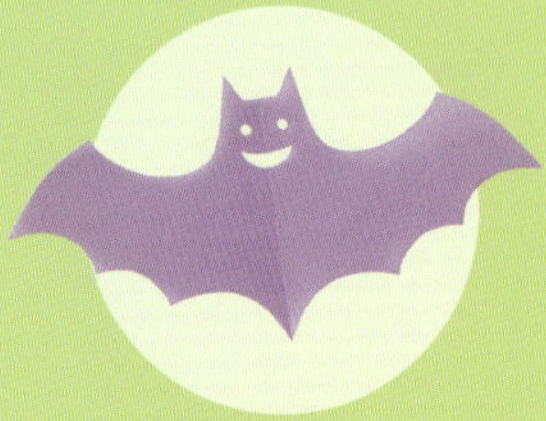

펌프킨 잭과 함께 박쥐를
장식하면 핼러윈 데이 분위기가
물씬 날 거예요.

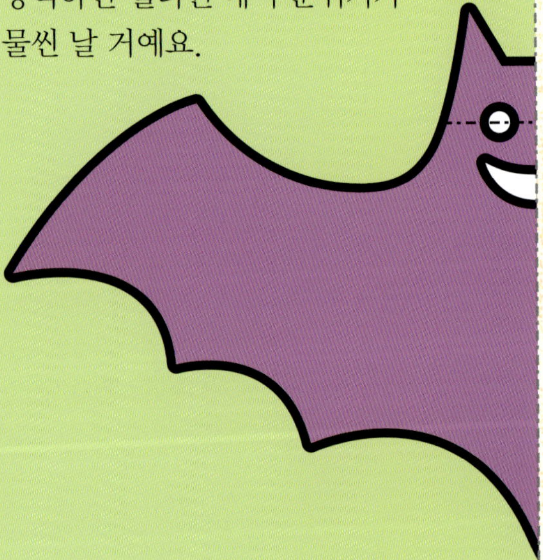

내 방을 꾸며요

★ 도화지에 붙여요

도화지에 여러 가지 종이 오리기를 모아 붙여 액자처럼 만들어요. 사진처럼 끈이나 띠를 붙여도 좋아요.

★ 사진은 56쪽 '인형'과, 10쪽의 '벚꽃'을 다르게 오려 활용한 거랍니다.

★ 그림과 어우러지게 해요

그림을 그릴 때 종이 오리기를 붙여 보세요. 스스로 그린 그림과 종이 오리기가 만나면 훌륭한 작품이 탄생돼요!

★ 사진은 56쪽의 '잉어 장식', 22쪽의 '집'을 활용한 거예요.

★ 벽에 붙여요

종이 오리기를 벽에 붙이면 그것만으로도 멋진 장식이 완성!

★ 창문에 붙여요

양면 색종이로 종이 오리기를 만들어 붙이면 밖에서 봐도 예쁘겠죠!

★ 문에 붙여요

방문에 종이 오리기를 장식으로 붙이고 이름을 써 두면 귀여워요!

길벗스쿨 놀이책
오려서 펼치면 깜짝!

신기한 종이 오리기

초판 1쇄 발행 _ 2016년 1월 15일
초판 21쇄 발행 _ 2024년 6월 1일

지은이 _ 이시카와 마리코 / 옮긴이 _ 전지현
발행인 _ 이종원 / 발행처 _ 길벗스쿨
출판사 등록일 _ 2006년 6월 16일 / 주소 _ 서울시 마포구 월드컵로 10길 56(서교동)
대표전화 _ (02)332-0931 / 팩스 _ (02)322-3895
홈페이지 _ school.gilbut.co.kr / 이메일 _ gilbut@gilbut.co.kr

기획 _ 최문영 / 제작 _ 이준호, 손일순, 이진혁
영업유통 _ 진창섭 / 마케팅 _ 지하영 / 영업관리 _ 정경화 / 독자지원 _ 윤정아
편집 _ 이효진 / 편집관리 _ 배지하 / 디자인 _ 합정디자인스튜디오 / 인쇄 _ 상지사 / 제본 _ 상지제본

＊잘못된 책은 구입한 서점에서 바꿔 드립니다.
＊이 책은 저작권법에 따라 보호받는 저작물이므로 무단전재와 무단복제를 금합니다.
  이 책의 전부 또는 일부를 이용하려면 반드시 사전에 저작권자와 길벗스쿨의 서면 동의를 받아야 합니다.

ISBN 978-89-6222-894-6 (13630)
      (길벗스쿨 도서번호 200207)

───────────────────────────────

독자의 1초를 아껴주는 정성 **길벗 출판사**

길벗 | IT실용서, IT/일반 수험서, IT전문서, 경제실용서, 취미실용서, 자녀교육서
더퀘스트 | 인문교양서, 비즈니스서
길벗이지톡 | 어학단행본, 어학수험서
길벗스쿨 | 국어학습서, 수학학습서, 유아학습서, 어학학습서, 어린이교양서, 교과서